MÃOZINHAS

ESCRITO POR

aloma

ILUSTRADO POR

ERIKA ASTRONAUTA

bonbini books

www.bonbinibooks.com

Copyright©2020
Aloma

Direção editorial
Aloma Carvalho

Coordenação
Suria Scapin

Assistente editorial
Jessica Spilla

Ilustração e projeto gráfico
Erika Astronauta

Revisão
Maria Gabriela Alzueta

Diagramação
Daniela Fujiwara

Dados Internacionais de Catalogação na Publicação (CIP)

Aloma.
Mãozinhas. / Aloma. Ilustração: Erika Astronauta.
1ª edição. São Paulo: Bon Bini Books, 2020.

24 p. : il. , 20,3 x 20,3 cm
ISBN 978-65-86389-35-7 CDD 028.5

1. Literatura infantil 2. Livro para bebê
3. Brincadeiras. 4. Desenvolvimento do bebê.
I. Título

Índices para catálogo sistemático:

1. Literatura infantil: livro para bebê – 028.5
2. Creche: literatura infantil – 028.5
3. Descoberta de si e do outro – 028.5

NOSSA MISSÃO

Publicar livros de qualidade que permaneçam na mente dos nossos leitores como fonte preciosa de conhecimento e de entretenimento.

bonbini books

Espalhando livros, formando leitores!

Bon Bini Books é o selo internacional da Editora Bamboozinho.
São Paulo/SP - Brasil • Miami/FL - EUA

Conheça os nossos livros: www.bonbinibooks.com
Acompanhe nossas novidades: @bonbinibooks

Este livro foi comercializado pela Livraria Internacional Buobooks. Caso apresente algum defeito, entre em contato com: atendimento@buobooks.com.

COMO NÃO SE EMOCIONAR COM
AS MÃOZINHAS DO BEBÊ?

ESTA É UMA DAS MINHAS MÃOS...

E ESTA É A OUTRA.

MINHAS MÃOS ADORAM
BRINCAR JUNTAS.

CLAP
CLAP
CLAP

CLICK

QUANDO TODOS OS
DEDINHOS SE UNEM...

DOIS PATINHOS
COMEÇAM A FALAR.

JUNTA O POLEGAR DE UMA MÃO
COM O POLEGAR DA OUTRA...

E SURGE UM PASSARINHO
A VOAR.

PALMA PARA LÁ,
PALMA PARA CÁ...

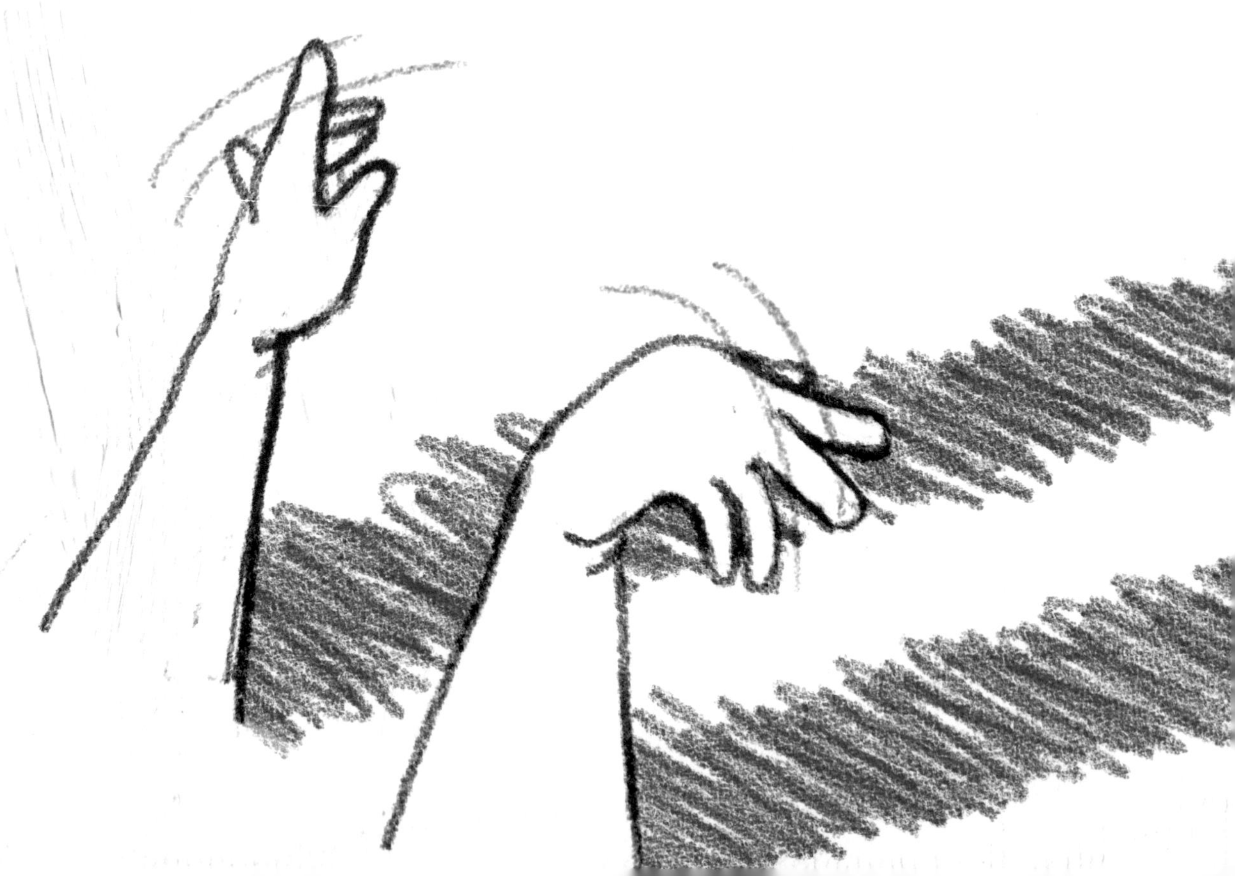

E LOGO AS MÃOS
COMEÇAM A DANÇAR.

COM UM DEDINHO PARA CIMA,

ELAS BRINCAM DE NÃO, NÃO, NÃO!

COM TODOS OS DEDINHOS PARA CIMA,

ELAS BRINCAM DE
TCHAU, TCHAU, TCHAU!

MAS SABE QUAL É A BRINCADEIRA QUE UMA MÃO MAIS GOSTA DE FAZER?

COCEGUINHAS EM VOCÊ!

SOBRE A AUTORA

EU ME CHAMO ALOMA E ESTUDEI PEDAGOGIA. FUI PROFESSORA DE EDUCAÇÃO INFANTIL ATÉ QUE COMECEI A ESCREVER LIVROS PARA CRIANÇAS (PRINCIPALMENTE LIVROS PARA BEBÊS) E NÃO PAREI MAIS. HOJE SOU TAMBÉM EDITORA E, ALÉM DOS MEUS LIVROS, PUBLICO TAMBÉM LIVROS DE OUTROS AUTORES. MEUS FILHOS JÁ SÃO ADULTOS, MAS AINDA ME LEMBRO DAS MÃOZINHAS SUAVES E DELICADAS QUE ELES TINHAM QUANDO BEBÊ. SAUDADES... POR ISSO ESCREVI ESTE LIVRO, PARA REGISTRAR TODA A EMOÇÃO QUE AQUELAS MÃOZINHAS ME TROUXERAM.

SOBRE A ILUSTRADORA

EU SOU A ERIKA ASTRONAUTA E ESTUDEI DESIGN GRÁFICO E HISTÓRIA DA ARTE, MAS ESCOLHI O UNIVERSO DA ILUSTRAÇÃO INFANTIL PARA TRABALHAR. JÁ ILUSTREI LIVROS DE DIVERSOS ESCRITORES E TAMBÉM LIVROS MEUS. SOU MÃE E SEI BEM COMO É BOM TER UMA MÃOZINHA PEQUENINA POR PERTO PARA APERTAR, BEIJAR. ILUSTRAR ESTE LIVRO FOI UM DESAFIO MUITO GOSTOSO, JÁ QUE AS ILUSTRAÇÕES PEDIAM UM TRAÇO DELICADO E AO MESMO TEMPO PRECISO – UM CONVITE PARA QUE A NOSSA MÃO SEJA TAMBÉM PERSONAGEM DESTA HISTÓRIA.

AQUI TEM UM BEBÊ LEITOR!

ESTE LIVRO FOI ESCRITO PARA O BEBÊ QUE ESTÁ APRENDENDO A GOSTAR DE TER UM LIVRO NAS MÃOS. A ILUSTRAÇÃO DESENHADA APENAS COM O TRAÇADO DE UMA LINHA É, NA REALIDADE, UM CONVITE PARA QUE ELE EXPERIMENTE COLOCAR A SUA MÃO NAS PÁGINAS DO LIVRO, EM UM MOVIMENTO DE RESSIGNIFICAÇÃO DO TEXTO E DA EXPERIÊNCIA DE LEITURA: QUEM ATRIBUIRÁ A IDENTIDADE DO PERSONAGEM SERÁ A PRÓPRIA CRIANÇA. OS MOVIMENTOS DA MÃO SÃO MOVIMENTOS DO COTIDIANO DO BEBÊ QUE LOGO PERCEBERÁ QUE ELE TAMBÉM PODE FAZER COMO CONTA A NARRATIVA, LEVANDO O TEXTO PARA O SEU DIA A DIA. MAS O LIVRO TAMBÉM APRESENTA UMA COR FORTE, CONTRASTANTE: O AMARELO. O AMARELO REMETE À LUZ E AO JOGO DE SOMBRAS QUE CONVIDA AGORA O LEITOR ADULTO A EVOCAR A SUA PRÓPRIA INFÂNCIA E AS BRINCADEIRAS COM AS MÃOS QUE TANTO CAUSAM PRAZER. "MÃOZINHAS" É UM LIVRO SOBRE CONVÍVIO, DESCOBERTAS E, É CLARO, VÍNCULOS.

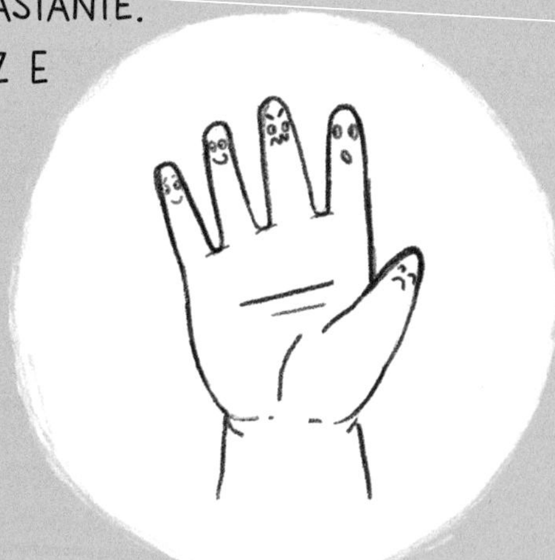